www.ingramcontent.com/pod-product-compliance
Lightning Source LLC
Chambersburg PA
CBHW072146170526
45158CB00004BA/1521
* 9 7 8 1 0 8 6 9 4 7 4 7 2 *